W0066970

WESTEND

GOETHES FÄUSTE

Bediene dich deiner Kraft

Ausgewählt und
herausgegeben
von Rainer Weiss

WESTEND

Mehr über unsere Autoren und Bücher:
www.westendverlag.de

Die Deutsche Nationalbibliothek verzeichnet diese Publikation in
der Deutschen Nationalbibliografie; detaillierte bibliografische Daten
sind im Internet über http://dnb.d-nb.de abrufbar.

ISBN: 978-3-86489-417-6
© Westend Verlag GmbH, Neu-Isenburg 2023
Umschlaggestaltung: Buchgut, Berlin
Satz: Publikations Atelier, Weiterstadt
Druck und Bindung: Friedrich Pustet GmbH & Co. KG, Regensburg
Printed in Germany

INHALT

VORWORT

Goethes Fäuste – der Titel dieser Textsammlung entstand in einer Runde von Freunden, die sich zu einem langen Abend zusammengefunden und dabei (zum wiederholten Mal) den 1960 von Peter Gorski gedrehten *Faust*-Film mit Will Quadflieg und Gustaf Gründgens als Faust und Mephisto angesehen hatten. In der anschließenden Debatte über die schauspielerischen Leistungen der beiden Protagonisten (nicht zu vergessen natürlich auch die legendäre Elisabeth Flickenschildt als Marthe Schwerdtlein) sagte plötzlich jemand aus heiterem Himmel »Goethes Fäuste«, und der anwesende Westend-Verleger Markus J. Karsten reagierte sofort verlegertypisch: »Goethes Fäuste – fabelhaft, lasst uns bitte ein Buch mit diesem Titel machen.« Im nächsten Augenblick trug er mir die Herausgeberschaft an, die ich, dummerweise ohne einmal eine Nacht darüber zu schlafen, annahm. Der Titel hatte seinen Reiz, dem ich erlag.

Natürlich wusste ich, dass Goethe in seinem Werk das Zeigen von Fäusten vermieden und sich selbst bei emotional aufgeladenen Konflikten eher als eleganter Fechter (der deutlich mehr mit dem Florett denn mit Säbel oder Degen unterwegs war) gezeigt hatte. Aber es reizte mich doch, noch einmal in die Schriften Goethes einzutauchen und den Autor da aufzuspüren, wo er kämpferisch, aufbrausend, laut und heftig, frech und mahnend, ernst bis fassungslos aufgetreten war. Was er dabei seinen Zeitgenossen zurief und gewiss auch zumutete, liest sich heute so, als sei er unter uns. Keine seiner Zeilen ist verstaubt oder dünn, über die Jahrhunderte kraftlos geworden, nein: Goethe zu lesen, und sei es auch nur in kleinen Dosen, erfrischt, ermuntert und – macht Spaß.

Tatsächlich möchte ich nach diesem Sommer 2023, den ich Tag für Tag mit Goethe verbracht habe, jeder Leserin und jedem Leser wünschen, Zeit zu haben für ein wunderbares (und lohnendes) Abenteuer, das mit der Lektüre von Goethes *Fäusten* beginnen darf, dann aber zu den großen Büchern dieses Autors führen sollte – zu seinen Gedichten und Dramen, zum *Wilhelm Meister*, zu den *Wahlverwandtschaften* und, vor allem: zu *Dichtung und Wahrheit*.

Die hier versammelten Texte zeigen in immer wieder neuen Anläufen, wie Goethe dem Leben zugetan ist und wie sich seine Betrachtungen darauf richten, dass jedes Individuum sich »in die Welt zu wagen« und entschlossen an der Gestaltung des eigenen Weges zu arbeiten habe. Wenn hin und wieder die Erkenntnis aufscheint, dass »selbst die festen Felsen beben«, darf sie dennoch den Mutigen nicht davon abhalten, sich den ihn oft überraschenden Unsicherheiten seiner Umgebung zu stellen, ja: »Wer Perlen will, der muss ins Meer sich stürzen«.

Bei der Suche nach geeigneten Texten für *Goethes Fäuste* habe ich mich fast ausschließlich auf die beispielhaften Editionen des Deutschen Klassiker Verlags gestützt und schließlich auch die dort gewählte Orthografie und Zeichensetzung übernommen. Sie wirkt hin und wieder befremdlich, führt aber, wenn man über erste Irritationen hinweg ist, zu einem Staunen über die Möglichkeiten, die eine nicht streng regulierte, ihrer Fesseln entledigte Sprache bietet.

»Wer sich mit Goethe beschäftigt«, so der legendäre Verleger Siegfried Unseld, der sich zeitlebens immer wieder mit Goethes Werk befasst hat, »macht immer wieder die Erfahrung, daß für fast jedes Problem stets ein neuer Aspekt, eine neue Perspektive sich zeigt.« Die *Fäuste* laden zu dieser Erfahrung ein.

Rainer Weiss
Frankfurt am Main, im September 2023

NIMMER
SICH BEUGEN

Denn ob es mir zwar an guten, ausgesuchten Freunden nicht fehlte, so waren wir doch immer die Minderzahl gegen jene, die uns mit rohem Mutwillen anzufechten ein Vergnügen fanden, und uns freilich oft sehr unsanft aus jenen märchenhaften, selbstgefälligen Träumen aufweckten, in die wir uns, ich erfindend und meine Gespielen teilnehmend, nur allzugern verloren. Nun wurden wir abermals gewahr, daß man anstatt sich der Weichlichkeit und phantastischen Vergnügungen hinzugeben, wohl eher Ursache habe, sich abzuhärten, um die unvermeidlichen Übel entweder zu ertragen, oder ihnen entgegen zu wirken.

Dichtung und Wahrheit

Feiger Gedanken
Bängliches Schwanken
Weibisches Zagen
Ängstliches Klagen
Wendet kein Elend,
Macht nicht frei.

Allen Gewalten
Zum Trutz sich erhalten
Nimmer sich beugen
Kräftig sich zeigen
Rufet die Arme
Der Götter herbei.

Lila

—

Unter die Übungen des Stoizismus, den ich deshalb so ernstlich als es einem Knaben möglich ist, bei mir ausbildete, gehörten auch die Duldungen körperlicher Leiden … Sehr viele Scherze der Jugend beruhen auf einem Wettstreit solcher Ertragungen: zum Beispiel, wenn man mit zwei Fingern oder der ganzen Hand sich wechselsweise bis zur Betäubung der Glieder schlägt, oder die bei gewissen Spielen verschuldeten Schläge mit mehr oder weniger Gesetzheit aushält; wenn man sich beim Ringen und Balgen durch die

Kniffe der Halbüberwundenen nicht irre machen läßt, wenn man einen aus Neckerei zugefügten Schmerz unterdrückt, ja selbst das Zwicken und Kitzeln, womit junge Leute so geschäftig gegen einander sind, als etwas Gleichgültiges behandelt. Dadurch setzt man sich in einen großen Vorteil, der uns von andern so geschwind nicht abgewonnen wird.

Dichtung und Wahrheit

Denn wie man wohl den Entschluß faßt, Soldat zu werden und in den Krieg zu gehen, sich auch mutig vorsetzt, Gefahr und Beschwerlichkeiten zu ertragen, so wie auch Wunden und Schmerzen, ja den Tod zu erdulden, aber sich dabei keineswegs die besonderen Fälle vorstellt, unter welchen diese im Allgemeinen erwarteten Übel uns äußerst unangenehm überraschen können: so ergeht es einem Jeden, der sich in die Welt wagt, und besonders dem Autor, und so ging es auch mir.

Dichtung und Wahrheit

Stürzen wir uns in das Rauschen der Zeit,
In's Rollen der Begebenheit!
Da mag denn Schmerz und Genuß,
Gelingen und Verdruß,
Mit einander wechseln wie es kann;
Nur rastlos betätigt sich der Mann.

Faust

Das Leben für einen Freund zu wagen wie für dich selbst, ist löblich, denn der Augenblick entscheidet; aber dir auf unbestimmte Zeit, oder wohl gar auf's ganze Leben Sorge zu bereiten, und deinen sichern Besitz wenigstens in der Einbildungskraft zu untergraben, ist keineswegs rätlich: denn unsere körperlichen Zustände und der Lauf der Dinge bereiten uns manche hypochondrische Stunde, und die Sorge ruft alsdann alle Gespenster hervor, die ein heiterer Tag verscheucht.

An seinen Sohn August

Einem armen kleinen Kegel,
Der sich nicht besonders regt,
Hat ein ungeheurer Flegel
Heute grob sich aufgelegt.
Und ich fühlte mich ein Mannsen,
Ich gedachte meiner Pflicht,
Und ich hieb dem langen Hansen
Gleich die Schmarre durch's Gesicht.

Unleidlich ward mir's schon auf meinem gepolsterten Stuhle wenn in stattlicher Versammlung die Fürsten, was leicht zu entscheiden war, mit wiederkehrenden Gesprächen überlegten und zwischen düstern Wänden eines Saals die Balken der Decke mich erdrückten. Da eilt ich fort sobald es möglich war, und rasch aufs Pferd mit tiefem Atemzug. Und frisch hinaus da wo wir hingehören, ins Feld wo aus der Erde dampfend jede nächste Wohltat der Natur und durch die Himmel wehend alle Segen der Gestirne einhüllend uns umwittern. Wo wir dem erdgebornen Riesen gleich, von der Berührung unsrer Mutter kräftiger uns in die Höhe reißen, wo wir die Menschheit ganz und menschliche Begier in allen Adern fühlen, wo das Verlangen vorzudringen, zu besiegen, zu erhaschen, seine Faust zu brauchen, zu besitzen, zu erobern durch die Seele des jungen Jägers glüht, wo der Soldat sein angeboren Recht auf alle

Welt mit raschem Schritt sich anmaßt und in fürchterlicher Freiheit wie ein Hagelwetter durch Wiese, Feld und Wald verderbend streicht und keine Grenzen kennt, die Menschenhand gezogen.

Egmont

⌒

Wer kein Ungrischer Ochs ist, komme mir nicht zu nah. Er soll von dieser meiner rechten eisernen Hand ein solche Ohrfeige kriegen, die ihm Kopfweh, Zahnweh und alles Weh der Erde aus dem Grund kurieren soll.

Geschichte Gottfriedens von Berlichingen mit der eisernen Hand

⌒

Wenn der Soldat auf der Lauer steht und dem Feinde etwas ablisten möchte, da nimmt er sich zusammen, faßt sich selbst in seine Arme und kaut seinen Anschlag reif.

Egmont

⌒

Bleibe nicht am Boden heften,
Frisch gewagt und frisch hinaus!
Kopf und Arm mit heitern Kräften
Überall sind sie zu Haus;
Wo wir uns der Sonne freuen,
Sind wir jede Sorge los,
Daß wir uns in ihr zerstreuen,
Darum ist die Welt so groß.

Man muß von den höchsten Maximen der Kunst und des
Lebens in sich selbst nicht abweichen, auch nicht ein Haar.

An C.F. Zelter

Jeder, der in sich fühlt, daß er etwas Gutes wirken kann, muß ein Plaggeist sein. Er muß nicht warten, bis man ihn ruft, er muß nicht achten wenn man ihn fortschickt. Er muß sein, was Homer an den Helden preist, er muß sein wie eine Fliege, die verscheucht, immer wieder den Menschen von einer andern Seite anfällt.

Lila

⁓

Du, Geist der Erde, bist mir näher;
Schon fühl' ich meine Kräfte höher,
Schon glüh' ich wie von neuem Wein,
Ich fühle Mut mich in die Welt zu wagen,
Der Erde Weh, der Erde Glück zu tragen,
Mit Stürmen mich herumzuschlagen,
Und in des Schiffbruchs Knirschen nicht zu zagen.

Faust

⁓

Wie von unsichtbaren Geistern gepeitscht gehen die Son-
nenpferde der Zeit mit unsers Schicksals leichtem Wagen
durch, und uns bleibt nichts, als mutig gefaßt, die Zügel
festzuhalten, und bald rechts, bald links, vom Steine hier,
vom Sturze da die Räder abzulenken.

Dichtung und Wahrheit

⌢

Ach, was soll der Mensch verlangen?
Ist es besser, ruhig bleiben?
Klammernd fest sich anzuhangen?
Ist es besser, sich zu treiben?
Soll er sich ein Häuschen bauen?
Soll er unter Zelten leben?
Soll er auf die Felsen trauen?
Selbst die festen Felsen beben.

Eines schickt sich nicht für alle!
Sehe jeder wie er's treibe,
Sehe jeder wo er bleibe,
Und wer steht, daß er nicht falle!

⌢

Wollte Gott es gäbe keine unruhige Köpfe in ganz Deutschland, wir würden deswegen noch zu tun genug finden. Wir wollten die Gebürge von Wölfen säubern, wollten unserm ruhig ackernden Nachbar einen Braten aus dem Wald holen, und dafür die Suppe mit ihm essen.

Götz von Berlichingen mit der eisernen Hand

~

Sorglos über die Fläche weg,
Wo vom kühnsten Wager die Bahn
Dir nicht vorgegraben du siehst,
Mache dir selber Bahn!

~

Wer offen befehden will muß nicht so viele schlechte verwundbare Seiten bloß geben.

An S. Boisserée

~

Vermesse dich die Pforten aufzureißen,
Vor denen jeder gern vorüber schleicht.
Hier ist es Zeit durch Taten zu beweisen,
Daß Manneswürde nicht der Götterhöhe weicht,
Vor jener dunkeln Höhle nicht zu beben,
In der sich Phantasie zu eigner Qual verdammt,
Nach jenem Durchgang hinzustreben,
Um dessen engen Mund die ganze Hölle flammt;
Zu diesem Schritt sich heiter zu entschließen,
Und wär' es mit Gefahr, in's Nichts dahin zu fließen.

Faust

Wenn ihr gessen und trunken habt seid Ihr wie neu geboren. Seid stärker, mutiger, geschickter zu Eurem Geschäft. Der Wein erfreut des Menschen Herz und die Freudigkeit ist die Mutter aller Tugenden. Wenn Ihr Wein getrunken habt seid Ihr alles doppelt was Ihr sein sollt, noch einmal so leicht denkend, noch einmal so unternehmend, noch einmal so schnell ausführend.

Geschichte Gottfriedens von Berlichingen mit der eisernen Hand

Alle Freiheits-Apostel sie waren mir immer zuwider,
Denn es suchte doch nur jeder die Willkür für sich.
Willst du viele befrein, so wag es vielen zu dienen!
Wie gefährlich das sei, willst du es wissen? versuchs.

⌒

So lang ich lebe sollen die Nichtswürdigen zittern und sie
sollen das Herz nicht haben auf meinem Grabe sich zu
freuen.

Caesar

⌒

Und wenn ich ein Nachtwandler wäre und auf dem gefähr-
lichen Gipfel eines Hauses spazierte; ist es freundschaftlich,
mich beim Namen zu rufen und mich zu warnen, zu we-
cken und zu töten? Laßt jeden seines Pfades gehen, er mag
sich wahren.

Egmont

⌒

Freund, wer ein Lump ist, bleibt ein Lump,
Zu Wagen, Pferd und Fuße;
Drum glaub an keinen Lumpen je,
An keines Lumpen Buße.

⌣

Wir sind nicht klein, wenn Umstände uns zu schaffen machen, nur wenn sie uns überwältigen.

Clavigo

⌣

Freunde helft mich zu befreien
Galle Gift und Kot zu speien
Ist mein Privilegium
Possen Schweinereien Zoten
Alles das wird mir geboten
Saust mir um den Kopf herum

⌣

Wen Gott niederschlägt, der richtet sich selbst nicht wieder auf.

Geschichte Gottfriedens von Berlichingen mit der eisernen Hand

~

Wer sich schont muß sich selbst verdächtig werden.

Egmont

~

Geh! Gehorche meinen Winken,
Nutze deine jungen Tage,
Lerne zeitig klüger sein:
Auf des Glückes großer Waage
Steht die Zunge selten ein;
Du mußt steigen oder sinken,
Du mußt herrschen und gewinnen,
Oder dienen und verlieren,
Leiden oder triumphieren,
Amboß oder Hammer sein.

~

Dass die Französische Revolution auch für mich eine Revolution war, kannst du dencken. Übrigens studire ich die Alten und folge ihrem Beyspiel so gut es in Thüringen gehen will.

An F.H. Jacobi

⁓

Keiner bescheidet sich gern mit dem Teile, der ihm gebühret.
Und so habt ihr den Stoff immer und ewig zum Krieg.

⁓

Ich stehe hoch und kann und muß noch höher steigen, ich fühle mir Hoffnung, Mut und Kraft. Noch habe ich meines Wachstums Gipfel nicht erreicht und steh ich droben einst; so will ich fest, nicht ängstlich stehen. Soll ich fallen; so mag ein Donnerschlag, ein Sturmwind, ja ein selbst verfehlter Schritt mich abwärts in die Tiefe stürzen, da lieg ich mit viel tausenden. Ich habe nie verschmäht mit meinen guten Kriegsgesellen um kleinen Gewinst das blutge Los zu werfen und sollt ich knickern, wenns um den ganzen freien Wert des Lebens geht.

Egmont

⁓

Kannst dem Schicksal widerstehen,
Aber manchmal gibt es Schläge,
Will's nicht aus dem Wege gehen,
Ei! so geh du aus dem Wege!

—

Wer seinem Herzen folgt, dem stehn die Götter bei, den Furchtsamen verfolgt die Not.

Lila

—

Bei meiner Art zu empfinden und zu denken kostete es mich gar nichts, einen Jeden gelten zu lassen für das was er war, ja sogar für das was er gelten wollte, und so machte die Offenheit eines frischen jugendlichen Mutes, der sich fast zum erstenmal in seiner vollen Blüte hervortat, mir sehr viele Freunde und Anhänger.

Dichtung und Wahrheit

—

Brüder laßt uns alles wagen,
Eure reine Wange glüht.
Phöbus hilft sie uns verjagen,
Wenn er unsre Schmerzen sieht.
Und uns Waffen
Zu verschaffen,
Schüttet er des Berges Wipfel,
Und vom Gipfel
Prasseln Steine,
Durch die Haine.
Brüder faßt sie mächtig auf!
Schlossenregen
Ströme dieser Brut entgegen!
Und vertreib aus unsern milden,
Himmelreinen Lustgefilden
Diese Fremden, diese Wilden.

⁓

Niemand ist mehr Sklave, als der sich für frei hält, ohne es
zu sein.

Maximen und Reflexionen

⁓

Ein Kavalier von Kopf und Herz
Ist überall willkommen;
Er hat mit feinem Witz und Scherz
Manch Weibchen eingenommen:
Doch wenn`s ihm fehlt an Faust und Kraft,
Wer mag ihn dann beschützen?
Und wenn er keinen Hintern hat,
Wie mag der Edle sitzen?

WAS MAN HAT —
UND IST

Man weiss erst, dass man ist wenn man sich in andern wiederfindet.

An Auguste zu Stolberg

⁓

In einer Lage wie die meinige, ich darf sagen, wie die unsrige, haben wir treuen Sinn zu bewahren für diejenigen, auf die unser Lebenswohl, unsere Lebensfreuden sich gründeten und stützten; dies war mir von je eine natürliche, notwendig eingeborne Pflicht, ich konnte sie im beweglichsten Leben einigermaßen erfüllen, und ich nähre und erbaue mich daran in der Einsamkeit.

An J. J. von Willemer

⁓

Was einem angehört, wird man nicht los und wenn man es wegwürfe.

Wilhelm Meisters Wanderjahre

⌣

Es ist gut, daß der Mensch, der erst in die Welt tritt, viel von sich halte, daß er sich viele Vorzüge zu erwerben denke, daß er alles möglich zu machen suche; aber wenn seine Bildung auf einem gewissen Grade steht, dann ist es vorteilhaft, wenn er sich in einer grösseren Masse verlieren lernt, wenn er lernt um anderer willen zu leben, und seiner selbst in einer pflichtmäßigen Tätigkeit zu vergessen. Da lernt er erst sich selbst kennen, denn das Handeln eigentlich vergleicht uns mit andern.

Wilhelm Meisters Lehrjahre

⌣

Mag doch die Gestalt der Welt vergehen, wenn befreundete Gesinnung sich gleich bleibt; wenn man zu beiden Seiten fortfährt das Gleiche zu lieben und das Gleiche zu hassen; demselben Weg zu folgen, den entgegengesetzten zu meiden.

An S. Boisserée

~

Nur in dem was der Mensch thut, zu thun fortfährt, worauf er beharrt, darin zeigt er Charakter.

Rede zu Wielands Andenken

~

Man mag sich noch so sehr zum Allgemeinen ausbilden, so bleibt man immer ein Individuum, dessen Natur, indem sie gewisse Eigenschaften besitzt, andere notwendig ausschließt.

An W. von Humboldt

~

Wir lernen die Menschen nicht kennen, wenn sie zu uns kommen; wir müssen zu ihnen gehen, um zu erfahren, wie es mit ihnen steht.

Maximen und Reflexionen

～

Die Menschen sind nicht nur zusammen, wenn sie beisammen sind, auch der Entfernte, der Abgeschiedne lebt uns.

Egmont

～

Derjenige, der sich angetrieben fühlt etwas zu leisten, findet, indem er lebt und wirkt, überall Widerstand und Hindernisse, so daß er selten des Tages genießt, an welchem er das Gute vollbringt. Auch regt sich in ihm immerfort das Bestreben nach dem Besseren, so daß das Getane selbst ihm nicht hinreichend, ja kaum beachtenswert erscheinen kann; späterhin erst, wo die Wirkung hervortritt, wenn er bemerken kann, daß die Zeitgenossen seine Hoffnungen in sich aufnahmen, sie verwirklichten, förderten, dann empfindet

er sich mit anderen zusammen als ein Ganzes, als ein wahrhaft lebendiges Wesen.

An S.S. von Uvarov

Man wird sich dessen, was man hat oder nicht hat, ist oder
nicht ist, erst im Gegenteile von diesem bewußt oder inne.
Darum werden so viele Menschen durch die Erscheinung
eines neuen, fremden Menschen in der Gesellschaft beun-
ruhigt. Er entdeckt ihnen, was sie nicht haben, und dann
hassen sie ihn, oder er entdeckt ihnen durch sein Gegenteil,
was sie haben. Und so verachten sie ihn wieder. Ist er besonders höflich und galant, so ist er den Groben zuwider; ist
er grob, so ist er den Höflichen und im Grunde allen zuwider; und so durch alles durch.

An Friedrich Wilhelm Riemer

Es begegnet mir von Zeit zu Zeit ein Jüngling an dem ich nichts verändert noch gebessert wünschte; nur macht mir bange, daß ich manchen vollkommen geeignet sehe, im Zeitstrom mit fortzuschwimmen, und hier ist's wo ich immerfort aufmerksam machen möchte: daß dem Menschen in seinem zerbrechlichen Kahn eben deshalb das Ruder in die Hand gegeben ist, damit er nicht der Willkür der Wellen, sondern dem Willen seiner Einsicht Folge leiste.

Wilhelm Meisters Wanderjahre

⌇

Jeder Mensch muß nach seiner Weise denken, denn er findet auf seinem Wege immer ein Wahres, oder eine Art von Wahrem die ihm durch's Leben hilft; nur darf er sich nicht gehen lassen; er muss sich kontrollieren; der bloße nackte Instinkt geziemt nicht dem Menschen.

Wilhelm Meisters Wanderjahre

⌇

Gewiss, weil wir doch einmal so gemacht sind, dass wir alles mit uns und uns mit allem vergleichen, so liegt Glück oder Elend in den Gegenständen, womit wir uns zusammenhalten, und da ist nichts gefährlicher als die Einsamkeit.

Die Leiden des jungen Werthers

⌒

Sage mir mit wem du umgehst, so sage ich dir wer du bist; weiß ich womit du dich beschäftigst, so weiß ich was aus dir werden kann.

Wilhelm Meisters Wanderjahre

⌒

Nach Hause zurückgekehrt, fand ich weder den kosmischen noch politischen noch physiologischen Himmel erheitert, welches wohl an mir liegen mochte, und nur soviel kann ich meinen werten Freunden, die mir das Beste wünschen, versichern, daß nur ununterbrochene Tätigkeit nach innen und außen mich lebendig erhält.

An J.J. und Marianne von Willemer

⌒

An den Fehlern erkennt man den Menschen, an den Vorzügen den einzelnen; Mängel und Schicksale haben wir Alle gemein, die Zugenden gehören Jedem besonders.

Rede zur Totenfeier von Ferdinand Jagemann

⌣

Man ist nur eigentlich lebendig, wenn man sich des Wohlwollens andrer freut.

Wilhelm Meisters Wanderjahre

⌣

Wer kennt sich selbst? Wer weiß was er vermag?
Hat nie der Mutige Verwegnes unternommen?
Und was du tust, sagt erst der andre Tag,
War es zum Schaden oder Frommen.

⌣

Dass die Kinder nicht wissen, warum sie wollen, darin sind alle hochgelahrten Schul- und Hofmeister einig; dass aber auch Erwachsene gleich Kindern auf diesem Erdboden herumtaumeln und wie jene nicht wissen, woher sie kommen und wohin sie gehen, ebenso wenig nach wahren Zwecken

handeln, ebenso durch Biskuit und Kuchen und Birken-
reiser regiert werden: das will niemand gern glauben, und
mich dünkt, man kann es mit Händen greifen.

Die Leiden des jungen Werthers

⌣

Von Natur besitzen wir keinen Fehler, der nicht zur Tugend, keine Tugend, die nicht zum Fehler werden könnte.

Wilhelm Meisters Lehrjahre

⌣

Unser Leben ist, wie das Ganze in dem wir enthalten sind,
auf eine unbegreifliche Weise aus Freiheit und Notwendig-
keit zusammengesetzt. Unser Wollen ist ein Vorausverkün-
den dessen, was wir unter allen Umständen tun werden.
Diese Umstände aber ergreifen uns auf ihre eigne Weise.
Das *Was* liegt in uns, das *Wie* hängt selten von uns ab, nach
dem *Warum* dürfen wir nicht fragen, und deshalb verweist
man uns mit Recht auf's *Quia*.

Dichtung und Wahrheit

⌣

Es ist in der Welt nicht schwer zu bemerken, daß sich der Mensch am freisten und am völligsten von seinen Gebrechen los und ledig fühlt, wenn er sich die Mängel Anderer vergegenwärtigt und sich darüber mit behaglichem Tadel verbreitet.

Dichtung und Wahrheit

⌇

Denn mit Göttern
Soll sich nicht messen
Irgend ein Mensch.
Hebt er sich aufwärts,
Und berührt
Mit dem Scheitel die Sterne,
Nirgends haften dann
Die unsichern Sohlen,
Und mit ihm spielen
Wolken und Winde.

Ein edler Mensch zieht edle Menschen an
Und weiß sie fest zu binden.

Torquato Tasso

⌇

Es ist gut sich gleich zu Anfang einer Bekanntschaft zu zeigen wie man ist, damit die Freunde gleich unverbesserliche Fehler nachsehen und verzeihen lernen.

An Chr. G. Körner

⌣

Gib einigermaßen Acht auf dich selbst, nimm Notiz von dir selbst, damit du gewahr werdest, wie du zu deines Gleichen und der Welt zu stehen kommst. Hiezu bedarf es keiner psychologischen Quälereien; jeder tüchtige Mensch weiß und erfährt was es heißen soll; es ist ein guter Rat der einem jeden praktisch zum größten Vorteil gedeiht.

Wilhelm Meisters Wanderjahre

⌣

Alle Menschen guter Art empfinden bei zunehmender Bildung, daß sie auf der Welt eine doppelte Rolle zu spielen haben, eine wirkliche und eine ideelle, und in diesem Gefühl ist der Grund alles Edlen aufzusuchen. Was uns für eine wirkliche zugeteilt sei, erfahren wir nur allzu deutlich, was die zweite betrifft, darüber können wir selten in's Klare kommen. Der Mensch mag seine höhere Bestimmung auf Erden oder im Himmel, in der Gegenwart oder in der Zukunft suchen, so bleibt er deshalb doch innerlich einem ewigen Schwanken, von außen einer immer störenden Einwirkung ausgesetzt, bis er ein für allemal den Entschluß faßt, zu erklären, das Rechte sei das was ihm gemäß ist.

Dichtung und Wahrheit

⌒

Schwimme, du mächtige Scholle, nur hin! Und kommst du als Scholle
Nicht hinunter, du kommst doch wohl als Tropfen ins Meer.

⌒

TIEF UND ERNSTLICH DENKEN

Besonders will ich dir noch vermelden, wie sehr es mich gefreut hat daß wir durch die großen Urworte so leicht und leidlich über den Augenblick hinaus kommen. Das Absolute, die moralische Weltordnung, Systole und Diastole! es braucht nicht viel mehr sich zu verständigen. Das nächste Mal daß wir zusammen kommen muß ich dir noch einen Begriff vom Dämonischen geben, dann bedarf es nichts weiter.

An seinen Sohn August

Tief und ernstlich denkende Menschen haben gegen das Publikum einen bösen Stand.

Wilhelm Meisters Wanderjahre

~

Wenn wir uns selbst fehlen, fehlt uns doch alles.

Die Leiden des jungen Werthers

~

Das Höchste, wozu der Mensch gelangen kann, ist das Bewußtsein eigner Gesinnungen und Gedanken, das Erkennen seiner selbst, welches ihm die Einleitung gibt, auch fremde Gemütsarten innig zu erkennen.

Shakespeare und kein Ende

~

Wer zuviel verlangt, wer sich am Verwickelten erfreut, der ist den Verirrungen ausgesetzt.

Wilhelm Meisters Wanderjahre

—

Freudig war, vor vielen Jahren,
Eifrig so der Geist bestrebt,
Zu erforschen, zu erfahren,
Wie Natur im Schaffen lebt.
Und es ist das ewi Eine,
Das sich vielfach offenbart;
Klein das Große, groß das Kleine,
Alles nach der eignen Art,
Immer wechselnd, fest sich haltend.
Nah und fern und fern und nah;
So gestaltend, umgestaltend –
Zum Erstaunen bin ich da.

—

Das Leben, das in allen existirenden Dingen wirkt, können wir uns weder in seinem Umfange, noch in allen seinen Arten und Weisen, durch welche es sich offenbar, auf einmal denken.

Es bleibt also einem Geiste, der dahin gerichtet ist, nichts übrig, als eben diese Arten und Weisen, so genau als es ihm möglich ist, kennen zu lernen. Er sieht wohl ein, daß er alle zusammen einem einzigen Begriffe, dem Begriff vom Leben im weitsten Sinne, unterzuordnnen hat: aber eben desto sorgfältiger wird er die Gegenstände von einander sondern, in welchen sich die Art zu seyn und zu leben verschieden zeigt.

Italienische Reise

~

Die Ruhe der Seele ist ein herrliches Ding und die Freude an sich selbst.

Die Leiden des jungen Werthers

~

Die Philosophie wird mir deshalb immer werter weil sie mich täglich immer mehr lehrt mich von mir selbst zu scheiden, das ich umso mehr tun kann da meine Natur, wie getrennte Quecksilberkugeln, sich so leicht und schnell wieder vereinigt. Ihr Verfahren ist mir darin eine schöne Beihülfe.

An Schiller

~

Es bildet ein Talent sich in der Stille,
Sich ein Charakter in dem Strom der Welt.

Torquato Tasso

~

Niemand, wenn er auch noch soviel besitzt, kann ohne Sehnsucht bestehen; die wahre Sehnsucht aber muß gegen ein unerreichbares gerichtet sein.

Dichtung und Wahrheit

~

Es mag sich Feindliches eräugnen,
Du bleibe ruhig, bleibe stumm!
Und wenn sie dir die Bewegung läugnen,
Geh ihnen vor der Nase herum.

An Chr. L. F. Schultz

~

Denn nur insofern wir mitempfinden, haben wir Ehre, von einer Sache zu reden.

Die Leiden des jungen Werthers

~

Alles Gescheite ist schon gedacht worden, man muß nur versuchen es noch einmal zu denken.

Wilhelm Meisters Wanderjahre

~

Jeder Mensch muß nach seiner Weise denken, denn erfindet auf seinem Wege immer ein Wahres, oder eine Art von Wahrem die ihm durch's Leben hilft; nur darf er sich nicht gehen lassen; er muß sich kontrollieren; der bloße nackte Instinkt geziemt nicht dem Menschen.

Wilhelm Meisters Wanderjahre

⁓

Wohl unglückselig ist der Mann,
Der unterläßt das, was er kann,
Und unterfängt sich, was er nicht versteht;
Kein Wunder, daß er zu Grunde geht.

⁓

Gehen Sie so genau zu Werke als es Ihre Natur heischt, sein Sie in dem was Sie nachbilden so ausführlich um sich selbst genug zu tun, wählen Sie nach eigenem Gefühle, wenden Sie die nötige Zeit auf und denken Sie immer: daß wir nur eigentlich für uns selbst arbeiten. Kann das jemand in der Folge gefallen oder dienen, so ist es auch gut. Der Zweck des Lebens ist das Leben selbst.

An J.H. Meyer

⁓

Um zu begreifen, daß der Himmel überall blau ist, braucht man nicht um die Welt zu reisen.

Dichtung und Wahrheit

~

Wer Perlen will
Der muß ins Meer sich stürzen.

~

Die Arbeiten an der Farbenlehre haben mich genötigt meinen Geist zu prüfen und zu üben, und wenn auch für die Wissenschaften kein Resultat daraus entspränge, so würde der Vorteil den ich selbst daraus ziehe mir immer unschätzbar sein. Denn wie bedeutend ist es die Grenzen des menschlichen Geistes immer näher kennen zu lernen, und dabei immer deutlicher einzusehen daß man nur desto mehr verrichten kann, je reiner und sicherer man das Organ braucht das uns überhaupt als Menschen und besonders als individuellen Naturen gegeben ist.

An die Fürstin Gallitzin

~

Und keinen Tag
soll man
verpassen

Was das für Menschen sind, deren ganze Seele auf dem Ze-
remoniell ruht, deren Dichten und Trachten jahrelang dahin
geht, wie sie um einen Stuhl weiter hinauf bei Tische sich
einschieben wollen! Und nicht, dass sie sonst keine Angele-
genheit hätten: nein, vielmehr häufen sich die Arbeiten,
eben weil man über den kleinen Verdrießlichkeiten von Be-
förderung der wichtigen Sachen abgehalten wird. Die Toren,
die nicht sehen, dass es eigentlich auf den Platz gar nicht
ankommt, und dass der, der den ersten hat, so selten die erste
Rolle spielt! Wie mancher König wird durch seinen Minister,
wie mancher Minister durch seinen Sekretär regiert! Und
wer ist dann der Erste? Der, dünkt mich, der die andern
übersteht und so viel Gewalt oder List hat, ihre Kräfte und
Leidenschaften zu Ausführung seiner Pläne anzuspannen.

Wilhelm Meisters Wanderjahre

Was heute nicht geschieht, ist morgen nicht getan,
Und keinen Tag soll man verpassen,
Das Mögliche soll der Entschluß
Beherzt sogleich beim Schopfe fassen,
Er will es dann nicht fahren lassen,
Und wirket weiter, weil er muß.

Faust

Es scheint die menschliche Natur eine eigne Art von Zähig-
keit und Vielseitigkeit zu besitzen, daß sie alles was an sie
herankommt oder was sie in sich aufnimmt überwindet,
und wenn sie sich es nicht assimilieren kann, wenigstens
gleichgültig macht.

Dichtung und Wahrheit

Mir kommt aber immer vor, wenn man von Schriften, wie von Handlungen, nicht mit einer liebevollen Teilnahme, nicht mit einem gewissen parteiischen Enthusiasmus spricht, so bleibt so wenig daran das der Rede gar nicht wert ist. Lust, Freude, Teilnahme an den Dingen ist das einzige reelle, und was wieder Realität hervorbringt, alles andere ist eitel und vereitelt nur.

An Schiller

Von Natur besitzen wir keinen Fehler, der nicht zur Tugend, keine Tugend, die nicht zum Fehler werden könnte.

Wilhelm Meisters Wanderjahre

Ganz unter fremden Menschen, in einem fremden Lande zu leben, auch nicht einen bekannten Bedienten zu haben an den man sich hätte anlehnen können, hat mich aus manchen Träumen geweckt, ich habe an munterm und resolutem Leben viel gewonnen.

An Herzog Carl August

Der Mensch hat nur allzusehr Ursache, sich vor dem Menschen zu schützen. Der Mißwollenden gibt es gar viele, der Mißtätigen nicht wenige, und um zu leben wie sich's gehört ist nicht genug immer wohlzutun.

Wilhelm Meisters Wanderjahre

⁓

So lösen sich in gewissen Epochen Kinder von Eltern, Diener von Herren, Begünstigte von Gönnern los, und ein solcher Versuch, sich auf seine Füße zu stellen, sich unabhängig zu machen, für sein eigen Selbst zu leben, er gelinge oder nicht, ist immer dem Willen der Natur gemäß.

Dichtung und Wahrheit

⁓

Unglück bildet den Menschen und zwingt ihn sich selber zu kennen,
Leiden gibt dem Gemüt doppeltes Streben und Kraft.
Uns lehrt eigener Schmerz der andern Schmerzen zu teilen.

⁓

»Ach ihr vernünftigen Leute!«, rief ich lächelnd aus. »Leidenschaft! Trunkenheit! Wahnsinn! Ihr steht so gelassen, so ohne Teilnehmung da, ihr sittlichen Menschen, scheltet den Trinker. Verabscheut den Unsinnigen, geht vorbei wie der Priester und dankt Gott wie der Pharisäer, dass er euch nicht gemacht hat wie einen von diesen. Ich bin mehr als einmal trunken gewesen, meine Leidenschaften waren nie weit vom Wahnsinn, und beides reut mich nicht: denn ich habe in meinem Maße begreifen lernen, wie man alle außerordentlichen Menschen, die etwas Großes, etwas unmöglich Scheinendes wirkten, von jeher für Trunkene und Wahnsinnige ausschreien musste.«

Die Leiden des jungen Werthers

⁓

Jede Art von Besitz soll der Mensch festhalten, er soll sich zum Mittelpunkt machen, von dem das Gemeingut ausgehen kann; er muß Egoist sein um nicht Egoist zu werden, zusammen halten, damit er spenden könne.

Wilhelm Meisters Wanderjahre

⁓

Willst du dir aber das Beste tun,
So bleib nicht auf dir selber ruhn.
Sondern folg' eines Meisters Sinn;
Mit ihm zu irren ist dir Gewinn.

Freilich erfahren wir erst im Alter was uns in der Jugend
begegnete. Wir lernen und begreifen ein für allemal nichts!
Alles was auf uns wirkt ist nur Anregung und, Gott sei
Dank! wenn sich nur etwas regt und klingt.

C.F An. Zelter

Der Mensch mag sich wenden wohin er will, er mag unter-
nehmen was es auch sei, stets wird er auf jenen Weg wieder
zurückkehren, den ihm die Natur einmal vorgezeichnet hat.

Dichtung und Wahrheit

Willst du wirksam sein
Bediene dich deiner Kraft
Jung in Gesellschaft
Alt allein.

SO KOMMT MAN DURCH DIE WELT

Zum Leben brauchts nicht just daß man so tapfer ist,
Man kömmt auch durch die Welt mit Schleichen und mit
List.

Die Mitschuldigen

Mit Mädeln sich vertragen,
Mit Männern rumgeschlagen,
Und mehr Kredit als Geld;
So kommt man durch die Welt.

Mit vielem läßt sich schmausen,
Mit wenig läßt sich hausen;
Daß wenig vieles sei,
Schafft nur die Lust herbei.

Will sie sich nicht bequemen,
So müßt ihr's eben nehmen.
Will einer nicht vom Ort,
So jagt ihn grade fort.

Laßt alle nur mißgönnen,
Was sie nicht nehmen können,
Und seid von Herzen froh;
Das ist das A und O.

So fahret fort zu dichten,
Euch nach der Welt zu richten.
Beddenkt in Wohl und Weh
Dies goldne ABC.

Lieder für Liebende

⌣

Wie wohl ist mir's, dass mein Herz die simple, harmlose
Wonne des Menschen fühlen kann, der einen Krauthaupt
auf seinen Tisch bringt, das er selbst gezogen, und nun
nicht den Kohl allein, sondern all die guten Tage, den schö-
nen Morgen, da er ihn pflanzte, die lieblichen Abende, da

er ihn begoss, und da er an dem fortschreitenden seine Freude hatte, alleine in einem Augenblicke wieder mitgenießt.

Die Leiden des jungen Werthers

～

Das höchste Glück ist das, welches unsere Mängel verbessert und unsere Fehler ausgleicht.

Wilhelm Meisters Wanderjahre

～

Der Mensch wirkt alles was er vermag auf den Menschen durch seine Persönlichkeit, die Jugend am stärksten auf die Jugend, und hier entspringen auch die reinsten Wirkungen. Diese sind es, welche die Welt beleben und weder moralisch noch physisch aussterben lassen.

Dichtung und Wahrheit

～

Du bist am Ende – was du bist.
Setz' dir Perücken auf von Millionen Locken,
Setz' deinen Fuß auf ellenhohe Socken,
Du bleibst doch immer was du bist.

Faust

⁓

In der Welt ist es sehr seltsam mit dem Entweder-Oder ge-tan; die Empfindungen und Handlungsweisen schattieren sich so mannigfaltig, als Abfälle zwischen einer Habichts- und Stumpfnase sind.

Die Leiden des jungen Werthers

⁓

Nur klugtätige Menschen, die ihre Kräfte kennen und sie mit Maß und Gescheidigkeit benutzen, werden es im Welt-wesen weit bringen.

Wilhelm Meisters Wanderjahre

⁓

Der Geist des Widerspruchs und die Lust zum Paradoxen
steckt in uns allen.

Dichtung und Wahrheit

⁓

Nichts bessers weiß ich mir an Sonn- und Feiertagen,
Als ein Gespräch von Krieg und Kriegsgeschrei,
Wenn hinten, weit, in der Türkei,
Die Völker auf einander schlagen.
Man steht am Fenster, trinkt sein Gläschen aus
Und sieht den Fluß hinab die bunten Schiffe gleiten;
Dann kehrt man Abends froh nach Haus,
Und segnet Fried' und Friedenszeiten.

Faust

⁓

Ich war von je her überzeugt, daß man entweder *unbekannt* oder *unerkannt* durch die Welt gehe, so daß ich auf kleinen oder größeren Reisen, in so fern es nur möglich war, meinen Namen verbarg und künftig will ich ihn gewiß nur zu besserer Ausführung unseres Zweckes aushängen.

An Schiller

⁓

Was aber ist deine Pflicht? Die Forderung des Tages.

Wilhelm Meisters Wanderjahre

⁓

Ich bin wie ein Ball den eine Stunde der andern zuwirft.

An Schiller

⁓

Hat alles seine Zeit
Das nahe wird weit
Das Warme wird kalt
Der Junge wird alt
Das Kalte wird warm
Der Reiche wird arm
Der Narre gescheut
Alles zu seiner Zeit.

Ein Glück ists daß jedem nur sein eigner Zustand zu be-
hagen braucht.

An Schiller

Ach was soll der Mensch verlangen?
Ist es besser ruhig zu bleiben?
Klammernd fest sich anzuhangen?
Ist es besser sich zu treiben?
Soll er sich ein Häuschen bauen?
Soll er unter Zelten leben?
Soll er auf die Felsen trauen?
Selbst die festen Felsen beben.

Eines schickt sich nicht für alle.
Sehe jeder wie er's treibe,
Sehe jeder wo er bleibe,
Und wer steht, daß er nicht falle.

Lassen Sie sich nicht entgehen, daß Mitlebende, von den verschiedenen Richtungen, unter sich Todfeinde, darin konspirierten, meine lebendige Wirkung im Augenblicke zu lähmen. Ich habe dabei nichts verloren, und meine jüngeren und künftigen Freunde auch nichts; ich ward, in mich zurückgedrängt, immer intensiver, und so hab ich mich bis an den heutigen Tag gewöhnt, nur vorzuarbeiten, unbesorgt wie und wo das wirken könne.

An C.E. Schubarth

⁓

Vieles kann ich ertragen. Die meisten beschwerlichen Dinge
Duld' ich mit ruhigem Mut, wie es ein Gott mir gebeut.
Wenige sind mir jedoch wie Gift und Schlange zuwider;
Viere: Rauch des Tabaks, Wanzen und Knoblauch und †.

Es ist nicht genug zu wissen, man muß auch anwenden; es ist nicht genug zu wollen, man muß auch tun.

Wilhelm Meisters Wanderjahre

An unmöglichen Dingen soll man selten verzweifeln, an schweren nie.

Italienische Reise

Willst du dir ein hübsch Leben zimmern,
Mußt dich ums Vergangene nicht bekümmern;
Das Wenigste muß dich verdrießen;
Mußt stets die Gegenwart genießen,
Besonders keinen Menschen hassen
Und die Zukunft Gott überlassen.

Kannst du nicht *allen* gefallen durch deine Tat und dein Kunstwerk,
Mach es *wenigen* recht, vielen gefallen ist schlimm.

Wer sittlich wirkt, verliert keine seiner Bemühungen: denn es gedeiht davon weit mehr, als das Evangelium vom Sämanne allzu bescheiden eingesteht.

Dichtung und Wahrheit

Willst lustig leben,
Geh mit zwei Säcken,
Einen zum Geben,
Einen um einzustecken.
Da gleichst du Prinzen
Plünderst und beglückst du Provinzen.

Unsere Wünsche sind Vorgefühle der Fähigkeiten, die in uns liegen, Vorboten desjenigen, was wir zu leisten im Stande sein werden. Was wir können und möchten, stellt sich unserer Einbildungskraft außer uns und in der Zukunft dar; wir fühlen eine Sehnsucht nach dem, was wir schon im Stillen besitzen. So verwandelt ein leidenschaftliches Vorausergreifen das wahrhaft Mögliche in ein erträumtes Wirkliche.

Dichtung und Wahrheit

DIE GEGENWART
ALS DAS
WAS SIE IST

Von jeher und noch mehr seit einigen Jahren überzeugt daß
die Zeitungen eigentlich nur da sind um die Menge hinzu-
halten und über den Augenblick zu verblenden, es sey nun
daß den Redacteur eine äußere Gewalt hindere das Wahre
zu sagen, oder daß ein innerer Partheysinn ihm ebendas-
selbe verbiete, las ich keine mehr: denn von den Haupter-
eignissen benachrichtigten mich neuigkeitslustige Freunde;
und sonst hatte ich im Laufe dieser Zeit nichts zu suchen.

Tag- und Jahreshefte

～

Niemand hat das Recht einem geistreichen Manne vorzu-
schreiben womit er sich beschäftigen soll. Der Geist schießt
aus dem Centrum seine Radien nach der Peripherie, stößt

er dort an, so läßt ers auf sich beruhen und treibt wieder neue Versuchslinien aus der Mitte, auf daß er, wenn ihm nicht gegeben ist seinen Kreis zu überschreiten, er ihn doch möglichst erkennen und ausfüllen möge.

Tag- und Jahreshefte

Indessen ist das Übel in Deutschland so groß geworden daß es kein Mensch mehr sieht, ja daß sie vielmehr wie jenes kröpfige Volk, den gesunden Bau des Halses für eine Strafe Gottes halten.

An Schiller

Es gibt der unwollenden, mißwollenden Menschen so viel, die ihr etwaiges Vermögen so gern zu Schaden und Verdruß anderer betätigen, wodurch sie denn einem fleißigen talentvollen Mann wenigstens den Tag verkümmern, und aus Tag nach Tagen besteht denn doch das Leben.

An J.H. Voss den Jüngeren

So seid ihr Bürgersleute! Ihr lebt nur so in den Tag hin und wie ihr euer Gewerb von euern Eltern überkommen habt; so laßt ihr auch das Regiment über euch schalten und walten wie es kann und mag. Ihr fragt nicht nach dem Herkommen, nach der Historie, nach dem Recht eines Regenten.

Egmont

—

Die Menschen werfen sich im Politischen wie auf dem Krankenlager von einer Seite zur andern, in der Meinung besser zu liegen.

Gespräche. Mit Kanzler Friedrich von Müller

—

Da es uns Deutschen nun einmal nicht gegönnt ist, in entschieden geistreicher Gesellschaft des Lebens zu genießen und uns gegenwärtig in Person an einander auszubilden: so möge denn, was dem Einsamen gelingt, zuletzt gesellig zusammentreten und uns empfinden lassen, wie wir nachbarlich mit einander gelebt und uns wechselseitig liebend gefördert.

An J.F. Rochlitz

Auf alle Fälle sind wir genötigt unser Jahrhundert zu vergessen wenn wir nach unsrer Überzeugung arbeiten wollen. Denn so eine Salbaderei in Prinzipien, wie sie im allgemeinen jetzt gelten, ist wohl noch nicht auf der Welt gewesen.«

An Schiller

Überhaupt wäre es zu wünschen, daß die Deutschen, die so vieles Gutes leisten, indem sie sich das Gute fremder Nationen aneignen, sich nach und nach gewöhnten, in Gesellschaft zu arbeiten. Wir leben zwar in einer diesem Wunsche gerade entgegengesetzten Epoche. Jeder will nicht nur original in seinen Ansichten, sondern auch im Gange seines

Lebens und Tuns, von den Bemühungen anderer unabhängig, wo nicht sein, doch daß er es sei, sich überreden. Man bemerkt sehr oft, daß Männer, die freilich manches geleistet, nur sich selbst, ihre eigenen Schriften, Journale und Kompendien zitieren; anstatt daß es für den Einzelnen und für die Welt viel vorteilhafter wäre, wenn mehrere zu gemeinsamer Arbeit gerufen würden.

Zur Farbenlehre

⁓

Mein Wunsch wäre überhaupt, meine Überzeugung überall, wo nur möglich, anzuschließen; denn die Tendenz unserer Zeit, sich im Sinne zu isolieren, da man im Munde die allgemeinste Liberalität trägt, ist Hindernis an allem Guten; die Menschen merken nicht, daß sie auf diese Weise ihre eigenen Feinde sind; umgekehrt wären und befänden sich alle besser.

An Chr. L. F. Schultz

⁓

Ich hasse alle Pfuscherei wie die Sünde, besonders aber die Pfuscherei in Staatsangelegenheiten, woraus für Tausende und Millionen nichts als Unheil hervorgeht.

Gespräche. Mit Johann Peter Eckermann

⁓

Selten erscheint uns die Gegenwart als das was sie ist, manchmal setzt sie der Partheygeist zu hoch, aber noch öfters viel zu tief herab, und in den gesellschaftlichen Leben ist es herkömmlich über alles gleichgültig zu erscheinen. Man beobachtet den Theologen, man spottet über den Mediciner, man scherzt über den Philosophen, man läßt den Juristen gewähren, und bedenkt nicht daß alle diese Männer von der Zeit gebildet werden und die Zeit bilden helfen, und daß alles was sie lehren auf das bürgerliche Leben den größten Einfluß hat. Es war vielleicht niemals nöthiger als zu unserer Zeit, über dasjenige deutlich zu sen was um und neben uns geschieht, zu einer Zeit wo das wechselseitige Mistrauen fast unvermeidlich ist. Man könnte gern Publicität und Aufklärung vermissen, wenn Offenheit und Klarheit an ihre Stelle treten könnten.

Tag- und Jahreshefte

⁓

So z.B. kann ich nicht billigen, daß man von den studieren-
den künftigen Staatsdienern gar zu viele theoretisch-gelehrte
Kenntnisse verlangt, wodurch die jungen Leute vor der Zeit
geistig wie körperlich ruiniert werden. Treten Sie nun hier-
auf in den praktischen Dienst, so besitzen sie zwar einen
ungeheurer Vorrat an philosophischen und gelehrten Dingen, allein er kann in dem beschränkten Kreise ihres Berufes
gar nicht zur Anwendung kommen und muß daher als un-
nütz wieder vergessen werden. Dagegen aber, was sie am
meisten bedurften, haben sie eingebüßt: es fehlt ihnen die
nötige geistige wie körperliche Energie, die bei einem tüch-
tigen Auftreten im praktischen Verkehr ganz unerläßlich ist.

Eckermann Gespräche

⌒

Seit funfzig Jahren habe ich junge Professoren herankom-
men sehen und immer jüngere strebende, die lehrend lern-
ten und in den letzten Zeiten sich gar der Jugend gleich-
stellten, Gesinnungen, nicht Wissenschaft überlieferten,
mit revolutionärem Geiste alles nivellierten, ohne zu bemerken, daß sie sich selbst, mit der übrigen Gesellschaft,
auf die Wasserebene herunter brachten. In den letzten, hoff-
nungs- und tatenreichen Jahren erschienen Lehrer und
Schüler als Zeit- und Spießgesellen, selbst ältere wollten
dafür gelten. Wo soll nun Disziplin herkommen, wenn sich

alles für gleich erklärt, und die sämmtliche studirende Jugend sich als Masse consolidirt hat. Dieser Zustand wird noch verschlimmert dadurch, daß die akademischen Körper, wie alle übrigen nach und nach entstandenen Vereine, ein Staat im Staat zu bilden und sich vom Gouvernement unabhängig zu machen gesucht haben. Kaum erlangten sie dieß auf einen gewissen Grad, so zeigt sich daß sie dadurch selbst innerlich ohnmächtig geworden und weder Kollegen noch Untergebene zu bändigen im Stande sind.

An C.L. von Welden

Freunde, treibet nur Alles mit Ernst und Liebe; die Beiden
Stehen dem Deutschen so schön, den ach! so Vieles entstellt.

Die sämtlichen Narrheiten von Prä- und Postoccupationen, von Plagiaten und Halbentwendungen sind mir so klar und erscheinen mir läppisch. Denn was in der Luft ist und was die Zeit fordert, das kann in hundert Köpfen auf einmal entspringen ohne daß einer dem andern abborgt. Aber – hier wollen wir Halt machen, denn es ist mit dem Streit über Priorität wie über Legitimität, es ist niemand früher und rechtmäßiger als wer sich erhalten kann.

An C.F. Zelter 1816

Die größten Schwierigkeiten liegen da wo wir sie nicht suchen.

Wilhelm Meisters Wanderjahre

Mir ists bange wenns einmal unter dem Pack zu lärmen an-
fängt, unter dem Volk das nichts zu verlieren hat, die brauchen das zum Vorwande und bringen das Land in Unglück.

Egmont

Es ist ein böses Leiden und dabei ein reizender Zeitvertreib,
in seiner Nähe arbeitende Handwerker zu haben.

An Schiller

UND SO GING MEIN LEBEN HIN ...

Ich war mir guter edler großer Zwecke bewußt, konnte aber niemals die Bedingungen begreifen unter denen ich wirkte; was mir mangelte merkt ich wohl, was an mir zuviel sei gleichfalls, deshalb unterließ ich nicht mich zu bilden, nach außen und von innen. Und doch blieb es beim Alten. Ich verfolgte jeden Zweck mit Ernst Gewalt und Treue dabei gelang mir oft widerspenstige Bedingungen vollkommen zu überwinden, oft aber auch scheiterte ich daran weil ich nachgeben und umgehen nicht lernen konnte. Und so ging mein Leben hin unter Tun und Genießen, Leiden und Widerstreben, unter Liebe Zufriedenheit, Haß und Mißfallen anderer. Hieran spiegele sich, dem das gleiche Schicksal geworden.

Dichtung und Wahrheit

Niemals glaubte ich daß etwas zu erreichen wäre immer dacht ich ich hätt es schon. Man hätte mir eine Krone aufsetzen können und ich hätte gedacht das verstehe sich von selbst. Und doch war ich gerade dadurch nur ein Mensch wie andre. Aber daß ich das über meine Kräfte ergriffne durch zu arbeiten, das über mein Verdienst erhaltene zu verdienen suchte, dadurch unterschied ich mich bloß von einem wahrhaft Wahnsinnigen.

Erst war ich den Menschen unbequem durch meinen Irrtum, dann durch meinen Ernst. Ich mochte mich stellen wie ich wollte so war ich allein.

Dichtung und Wahrheit

⁓

Je freier und ungebundner ich lebte, und je froher ich mich gegen meine Gesellen und mit meinen Gesellen äußerte, wurde ich doch sehr bald gewahr, daß uns die Umgebungen, wir mögen uns stellen wie wir wollen immer beschränken, und ich fiel daher auf den Gedanken, es sei das Beste uns innerlich unabhängig zu machen.

Dichtung und Wahrheit

⁓

Mein Leben ein einzig Abenteuer
Keine Abenteuer durch Streben nach Ausbildung dessen
was die Natur in mich gelegt hatte
Streben nach Erwerb dessen was sie nicht in mich gelegt hat
Eben soviel wahre als falschen Tendenzen
Deshalb ewige Marter
Ohne eigentlichen Genuß.
Niederträchtige Nekrologen.

Dichtung und Wahrheit

~

Die Stätte, die ein guter Mensch betrat
Ist eingeweiht; nach hundert Jahren klingt
Sein Wort und seine Tat dem Enkel wieder.

Torquato Tasso

~

Wenn wir immer vorsichtig genug wären und uns mit
Freunden nur von Einer Seite verbänden, von der sie wirk-
lich mit uns harmonieren, und ihr übriges Wesen weiter
nicht in Anspruch nähmen, so würden die Freundschaften
weit dauerhafter und ununterbrochner sein. Gewöhnlich
aber ist es ein Jugendfehler, den wir selbst im Alter nicht

ablegen, daß wir verlangen, der Freund solle gleichsam ein anderes Ich sein, solle mit uns nur ein Ganzes ausmachen, worüber wir uns denn eine Zeit lang täuschen, das aber nicht lange dauern kann. Das sicherste Mittel ein freundschaftliches Verhältnis zu hegen und zu erhalten, finde ich darin, daß man sich wechselseitig mitteile, was man tut. Denn die Menschen treffen viel mehr zusammen in dem, was sie tun, als in dem, was sie denken.

An August Herder

~

So wälz' ich ohne Unterlaß,
Wie Sankt Diogenes, mein Faß.
Bald ist es Ernst, bald ist es Spaß;
Bald ist es Lieb', bald ist es Haß;
Bald ist es Dies, bald ist es Das;
Es ist ein Nichts, und ist ein Was.
So wälz' ich ohne Unterlaß,
Wie Sankt Diogenes, mein Faß.

~

QUELLEN

Die in *Goethes Fäuste* versammelten Texte sind – bis auf zwei Ausnahme: *Die Leiden des jungen Werther* sowie *Maximen und Reflexionen* – den beispielhaften Editionen des Deutschen Klassiker Verlags entnommen. Es handelt sich um:

Aus meinem Leben. Dichtung und Wahrheit, herausgegeben von Klaus-Detlef Müller, Frankfurt am Main 1986
Die Leiden des jungen Werther. Mit einem Nachwort von Hanjo Kesting, München 2023
Dramen 1765–1775, unter Mitarbeit von Peter Huber herausgegeben von Dieter Borchmeyer, Frankfurt am Main 1985 (hier finden sich u.a. Geschichte Gottfriedens von Berlichingen mit der eisernen Hand, Götz von Berlichingen mit der eisernen Hand, Clavigo)
Dramen 1766–1790, unter Mitarbeit von Peter Huber herausgegeben von Dieter Borchmeyer, Frankfurt am Main 1988 (hier finden sich u.a. Lila, Die Mitschuldigen, Egmont und Torquato Tasso)
Faust, herausgegeben von Albrecht Schöne, Frankfurt am Main 1994
Gedichte 1756–1799, herausgegeben von Karl Eibl, Frankfurt am Main 1987

Gedichte 1800–1832, herausgegeben von Karl Eibl, Frankfurt am Main 1988 (die in *Goethes Fäuste* aufgenommenen Gedichte sind beiden Gedichtbänden entnommen)

Italien – Im Schatten der Revolution, Briefe, Tagebücher und Gespräche vom 1. September 1786 bis 12. Juni 1794, herausgegeben von Karl Eibl, Frankfurt am Main 1991

Italienische Reise, herausgegeben von Christoph Michel und Hans-Georg Dewitz, Frankfurt am Main 1993

Maximen und Reflexionen, herausgegeben und kommentiert von Benedikt Jeßing, Ditzingen 2021

Mit Schiller, Teil I: Briefe, Tagebücher und Gespräche vom 24. Juni 1794 bis zum 31. Dezember 1799, herausgegeben von Volker C. Dörr und Norbert Oellers, Frankfurt am Main 1998

Tag- und Jahreshefte, herausgegeben von Irmtraut Schmid, Frankfurt am Main 1994

Wilhelm Meisters theatralische Sendung, Wilhelm Meisters Lehrjahre, Unterhaltungen Deutscher Ausgewanderten, herausgegeben von Herbert Jaumann und Wilhelm Voßkamp, Frankfurt am Main 1992

Wilhelm Meisters Wanderjahre, herausgegeben von Gerhard Neumann und Hans-Georg Dewitz, Frankfurt am Main 1989

Zwischen Weimar und Jena I: Einsam-Tätiges Alter I, Briefe, Tagebücher und Gespräche vom 6. Juni 1816 bis zum 18. Oktober 1819, herausgegeben von Dorothea Schäfer-Weiss, Frankfurt am Main 1999

Zwischen Weimar und Jena II: Einsam-Tätiges Alter II, Briefe, Tagebücher und Gespräche vom 27. Oktober 1819 bis zum 26. Dezember 1822, herausgegeben von Dorothea Schäfer-Weiss, Frankfurt am Main 1999

© Robin Schmerer

Rainer Weiss geboren 1949, ehemaliger Programmgeschäfts-
führer Suhrkamp, Mitbegründer von weissbooks.w, jetzt
Publizist, Lektor und Verleger der Edition W. Weiss lebt in
Frankfurt am Main.